A Halloween To Remember And Other Bilingual Swedish-English Stories for Kids

Pomme Bilingual

Published by Pomme Bilingual, 2024.

While every precaution has been taken in the preparation of this book, the publisher assumes no responsibility for errors or omissions, or for damages resulting from the use of the information contained herein.

A HALLOWEEN TO REMEMBER AND OTHER BILINGUAL SWEDISH-ENGLISH STORIES FOR KIDS

First edition. August 1, 2024.

ISBN: 979-8227516817

Written by Pomme Bilingual.

Table of Contents

Jakten på den Försvunna Pumpan

Det var en mörk och stormig kväll i den lilla staden Lillby. Alla barnen förberedde sig för årets största händelse: Halloween! De hade sina dräkter klara och var redo att gå från hus till hus och ropa "bus eller godis". Men något var inte som det skulle vara detta år. Den största och mest fantastiska pumpan, som skulle vara stjärnan på den årliga pumpatävlingen, hade försvunnit!

Timmy och hans bästa vän, Mia, var två av de mest entusiastiska barnen i Lillby. De älskade Halloween och hade sett fram emot pumpatävlingen hela året. Men när de kom till torget där pumpan skulle ställas ut, såg de bara en tom plats.

"Vad ska vi göra nu?" frågade Mia, med besviken röst.

"Vi måste hitta den!" svarade Timmy bestämt. "Vi kan inte låta Halloween bli förstörd."

De två vännerna beslöt sig för att börja sin egen undersökning. De visste att tiden var knapp; de hade bara några timmar innan mörkret föll helt och Halloween-natten var över.

Först gick de till pumpaodlingen, där den gigantiska pumpan hade växt. De mötte Herr Gustafsson, den gamla odlaren som var känd för sina otroliga pumpor.

"Har ni sett min största pumpa?" frågade han med en skakning på huvudet. "Den var här i morse, men nu är den borta!"

Timmy och Mia tittade noggrant omkring. De såg stora fotspår som ledde ut från odlingen och mot den gamla kyrkogården. Med en blandning av rädsla och spänning följde de spåren.

När de närmade sig kyrkogården, hörde de ett mystiskt skratt. Det var en skrämmande plats med gravstenar och höga, vilda buskar. Men Timmy och Mia var modiga. De smög fram och gömde sig bakom en stor ek. Där såg de något otroligt: stadens buspojkar, Max och Felix, rullade den stora pumpan mot en gammal krypta!

"Vad gör ni?" ropade Timmy och sprang fram.

Max och Felix stannade plötsligt och såg skamset på varandra. "Vi ville bara skoja lite," sa Max, "men vi visste inte att det skulle bli så här."

"Ni måste hjälpa oss att få tillbaka pumpan till torget!" sa Mia strängt.

Max och Felix skämdes och gick med på att hjälpa till. Tillsammans rullade de den tunga pumpan tillbaka genom staden. Alla som såg dem hejade och hjälpte till att göra vägen fri.

När de äntligen nådde torget, stod hela staden där och väntade. Det blev ett stort jubel när de såg den enorma pumpan. Halloween var räddat!

Borgmästaren kom fram och tackade barnen för deras mod och beslutsamhet. "Ni är hjältar!" sa han och gav dem varsin stor påse med godis som tack.

Timmy och Mia kände sig stolta. De hade inte bara räddat pumpatävlingen, utan också visat att mod och vänskap kan övervinna alla hinder. Det blev en Halloween de aldrig skulle glömma.

Och där, mitt på torget, lyste den stora pumpan som en symbol för sammanhållning och glädje. Det blev en natt fylld av skratt, bus och massor av godis.

The Hunt for the Missing Pumpkin

It was a dark and stormy evening in the small town of Littleville. All the children were preparing for the biggest event of the year: Halloween! They had their costumes ready and were set to go from house to house chanting "trick or treat." But something was off this year. The biggest and most magnificent pumpkin, which was to be the star of the annual pumpkin contest, had disappeared!

Timmy and his best friend, Mia, were two of the most enthusiastic kids in Littleville. They loved Halloween and had been looking forward to the pumpkin contest all year. But when they arrived at the square where the pumpkin was supposed to be displayed, they saw only an empty spot.

"What are we going to do now?" asked Mia, her voice full of disappointment.

"We have to find it!" Timmy replied determinedly. "We can't let Halloween be ruined."

The two friends decided to start their own investigation. They knew time was short; they had only a few hours before darkness fell completely and Halloween night was over.

First, they went to the pumpkin patch where the giant pumpkin had grown. They met Mr. Gustafson, the old grower known for his incredible pumpkins.

"Have you seen my biggest pumpkin?" he asked, shaking his head. "It was here this morning, but now it's gone!"

Timmy and Mia looked around carefully. They saw large footprints leading away from the patch and towards the old cemetery. With a mix of fear and excitement, they followed the tracks.

As they approached the cemetery, they heard a mysterious laugh. It was a scary place with tombstones and tall, wild bushes. But Timmy and Mia were brave. They crept closer and hid behind a big oak tree. There, they saw something incredible: the town's mischievous boys, Max and Felix, were rolling the giant pumpkin towards an old crypt!

"What are you doing?" shouted Timmy, running forward.

Max and Felix suddenly stopped and looked at each other sheepishly. "We just wanted to play a prank," said Max, "but we didn't think it would turn out like this."

"You have to help us get the pumpkin back to the square!" said Mia sternly.

Max and Felix felt ashamed and agreed to help. Together, they rolled the heavy pumpkin back through the town. Everyone who saw them cheered and helped clear the way.

When they finally reached the square, the entire town was there waiting. There was a great cheer when they saw the enormous pumpkin. Halloween was saved!

The mayor stepped forward and thanked the children for their courage and determination. "You are heroes!" he said and gave them each a big bag of candy as a thank you.

Timmy and Mia felt proud. They had not only saved the pumpkin contest but also shown that courage and friendship can overcome any obstacle. It was a Halloween they would never forget.

And there, in the middle of the square, the giant pumpkin shone as a symbol of togetherness and joy. It became a night filled with laughter, tricks, and lots of treats.

Jakten på det Mystiska Godiset

Det var en kylig höstkväll i den lilla staden Busby. Träden hade tappat sina löv, och de orange och röda bladen låg som en färgglad matta på marken. Halloween närmade sig, och spänningen låg i luften. Alla barnen i staden var upptagna med att förbereda sina dräkter och dekorera sina hus med spöken, skelett och pumpor. Men ingen var mer exalterad än de tre vännerna Ella, Max och Hugo.

Ella var en smart och modig tjej med kort, mörkt hår och glittrande ögon. Max var den roliga killen i gänget, alltid redo med ett skämt, och Hugo var den som älskade mysterier och äventyr. De hade planerat sin Halloween-kväll i veckor och såg fram emot att samla massor av godis. Men denna Halloween skulle bli annorlunda, och de skulle snart upptäcka ett mysterium som var större än de någonsin kunnat föreställa sig.

På Halloween-kvällen samlades de tre vännerna vid Ellas hus. Ella var utklädd till en häxa, Max till en zombie och Hugo till en vampyr. De hade korgar för godis och en karta över staden, så de inte skulle missa något hus.

"Är ni redo för det bästa Halloween-äventyret någonsin?" frågade Ella.

"Ja!" ropade Max och Hugo i kör.

De började sin runda i kvarteret och besökte varje hus. "Bus eller godis!" ropade de och fick massor av choklad, karameller och tuggummi. De skrattade och skojade, och det verkade som om kvällen inte kunde bli bättre. Men när de kom till det gamla, övergivna huset vid skogens kant, förändrades allt.

Huset hade stått tomt i flera år och var känt för att vara hemsökt. Fönstren var trasiga, dörren hängde på sned, och en kall vind blåste genom trädgården. Men på trappan stod en stor skål med godis, fylld till bredden.

"Vågar vi?" frågade Max tveksamt.

"Klart vi gör!" sa Ella bestämt och gick fram till skålen. När hon sträckte sig efter en karamell, hördes en röst bakom dem.

"Ni har kommit för långt," sa en mörk, mystisk röst.

De vände sig om och såg en gammal man i en lång svart kappa. Hans ögon gnistrade i mörkret.

"Vem är du?" frågade Hugo.

"Jag är väktaren av detta hus," svarade mannen. "Och ni har just råkat ut för en förbannelse. För att bryta den måste ni hitta det mystiska godiset innan midnatt."

"Vad är det mystiska godiset?" frågade Ella, som nu var både nyfiken och lite rädd.

"Det är ett speciellt godis som är gömt någonstans i staden. Om ni inte hittar det, kommer alla godisar ni har samlat in att förvandlas till sten."

Med dessa ord försvann mannen i ett moln av rök, och de tre vännerna stod kvar, chockade och förvirrade.

"Vi måste hitta det mystiska godiset!" sa Hugo beslutsamt.

De tittade på sin karta och funderade på var de skulle börja leta. De kom överens om att gå till stadens äldsta byggnad, det gamla biblioteket, som också ryktades vara hemsökt.

När de kom till biblioteket, möttes de av en lång rad med böcker och dammiga hyllor. I hörnet av rummet såg de en gammal, gungande stol som rörde sig fram och tillbaka, trots att ingen satt i den.

"Det här stället ger mig rysningar," viskade Max.

"Vi måste vara modiga," sa Ella och började leta bland böckerna. Efter vad som kändes som en evighet, hittade Hugo en gammal bok med titeln "Busbys hemligheter".

"Det här kanske hjälper oss," sa han och öppnade boken. På en av sidorna fanns en bild av det mystiska godiset - en skimrande karamell som såg ut att vara gjord av stjärnstoft.

"Vi måste hitta den!" sa Ella. "Men var?"

De fortsatte att läsa och upptäckte att godiset hade en koppling till stadens torg, där en stor pumpa alltid stod på Halloween.

De sprang till torget, där de möttes av en gigantisk pumpa. Men hur skulle de hitta godiset i en så stor pumpa?

"Vi måste gå in," sa Hugo, och de hittade en liten dörr på sidan av pumpan. De kröp in och fann sig i ett mörkt, trångt utrymme. Där, mitt i pumpan, fanns en liten kista.

Ella öppnade kistan försiktigt och där, inuti, låg det mystiska godiset, glittrande och vackert.

"Vi har hittat det!" ropade Max.

Men just då dök den gamla mannen upp igen. "Ni har varit modiga och smarta," sa han. "Ni har förtjänat att bryta förbannelsen."

Han tog upp godiset och höll det högt. Ett starkt ljus fyllde pumpan, och när det avtog, var mannen borta och godiset låg tryggt i Ellas hand.

"Vi klarade det!" sa Hugo glatt.

De gick ut ur pumpan och återvände till sina hem, trötta men lyckliga. Halloween var räddat, och de hade haft ett äventyr de aldrig skulle glömma. De tre vännerna visste nu att mod, vänskap och lite nyfikenhet kunde lösa vilket mysterium som helst.

The Hunt for the Mysterious Candy

———

It was a chilly autumn evening in the small town of Busby. The trees had shed their leaves, and the orange and red foliage lay like a colorful carpet on the ground. Halloween was approaching, and excitement filled the air. All the children in town were busy preparing their costumes and decorating their houses with ghosts, skeletons, and pumpkins. But no one was more excited than the three friends Ella, Max, and Hugo.

Ella was a smart and brave girl with short, dark hair and sparkling eyes. Max was the funny guy in the group, always ready with a joke, and Hugo was the one who loved mysteries and adventures. They had planned their Halloween night for weeks and were looking forward to collecting lots of candy. But this Halloween would be different, and they were about to discover a mystery bigger than they had ever imagined.

On Halloween night, the three friends gathered at Ella's house. Ella was dressed as a witch, Max as a zombie, and Hugo as a vampire. They had candy baskets and a map of the town, so they wouldn't miss any house.

"Are you ready for the best Halloween adventure ever?" asked Ella.

"Yes!" shouted Max and Hugo in unison.

They started their round in the neighborhood, visiting every house. "Trick or treat!" they shouted and received lots of chocolate, candies, and gum. They laughed and joked, and it seemed the night couldn't get any better. But when they came to the old, abandoned house on the edge of the forest, everything changed.

The house had stood empty for years and was known to be haunted. The windows were broken, the door hung askew, and a cold wind blew through the yard. But on the porch stood a large bowl of candy, filled to the brim.

"Do we dare?" asked Max hesitantly.

"Of course we do!" said Ella firmly and walked up to the bowl. As she reached for a candy, a voice spoke behind them.

"You have come too far," said a dark, mysterious voice.

They turned around and saw an old man in a long black cloak. His eyes sparkled in the dark.

"Who are you?" asked Hugo.

"I am the guardian of this house," the man replied. "And you have just triggered a curse. To break it, you must find the mysterious candy before midnight."

"What is the mysterious candy?" asked Ella, now both curious and a little scared.

"It is a special candy hidden somewhere in the town. If you do not find it, all the candies you have collected will turn to stone."

With these words, the man disappeared in a cloud of smoke, leaving the three friends shocked and confused.

"We have to find the mysterious candy!" said Hugo determinedly.

They looked at their map and pondered where to start. They agreed to go to the town's oldest building, the old library, which was also rumored to be haunted.

When they arrived at the library, they were met by rows of books and dusty shelves. In the corner of the room, they saw an old rocking chair moving back and forth, even though no one was sitting in it.

"This place gives me the creeps," whispered Max.

"We have to be brave," said Ella and started searching among the books. After what felt like an eternity, Hugo found an old book titled "The Secrets of Busby."

"This might help us," he said and opened the book. On one of the pages, there was a picture of the mysterious candy – a shimmering caramel that looked like it was made of stardust.

"We have to find it!" said Ella. "But where?"

They continued reading and discovered that the candy had a connection to the town square, where a large pumpkin always stood on Halloween.

They ran to the square, where they were met by a giant pumpkin. But how would they find the candy in such a large pumpkin?

"We have to go inside," said Hugo, and they found a small door on the side of the pumpkin. They crawled in and found themselves in a dark, cramped space. There, in the middle of the pumpkin, was a small chest.

Ella opened the chest carefully, and inside was the mysterious candy, glittering and beautiful.

"We found it!" shouted Max.

But just then, the old man appeared again. "You have been brave and clever," he said. "You have earned the right to break the curse."

He picked up the candy and held it high. A bright light filled the pumpkin, and when it faded, the man was gone, and the candy lay safely in Ella's hand.

"We did it!" said Hugo happily.

They crawled out of the pumpkin and returned to their homes, tired but happy. Halloween was saved, and they had had an adventure they would never forget. The three friends now knew that courage, friendship, and a bit of curiosity could solve any mystery.

En Halloween att Minnas

Det var en kall och klar höstkväll i den lilla staden Gråvik. Löven på träden hade bytt färg till strålande röda, orange och gula nyanser. Alla barnen i staden hade väntat på denna kväll med spänning: Halloween! Hela dagen hade de förberett sina dräkter och dekorerat sina hus med pumpor, fladdermöss och spöken. Men ingen var mer uppspelt än vännerna Leo, Maja och Felix.

Leo, en nyfiken och äventyrlig pojke med ett smittande leende, var alltid redo för ett nytt mysterium. Maja, hans bästa vän, var smart och modig, med ett stort intresse för allt övernaturligt. Felix, den minsta i gänget, var känd för sin fantastiska fantasi och sitt goda hjärta. De tre vännerna hade planerat sin Halloween-kväll i veckor, och de var fast beslutna att samla in så mycket godis som möjligt.

"Är ni redo för det bästa Halloween-äventyret någonsin?" frågade Leo, klädd som en pirat.

"Absolut!" svarade Maja, som var utklädd till en vampyr, och Felix, som hade valt en dräkt som en liten varulv.

De började sin runda i kvarteret och besökte varje hus. "Bus eller godis!" ropade de och fick massor av choklad, karameller och godisbitar. De skrattade och skojade, och det verkade som om kvällen inte kunde bli bättre. Men när de närmade sig den gamla, övergivna herrgården på kullen, förändrades allt.

Herrgården, känd som Spökslottet, hade stått tomt i många år och var täckt av murgröna och spindelväv. Fönstren var trasiga, och dörren hängde på sned. Ingen vågade gå dit, särskilt inte på Halloween. Men Leo, Maja och Felix var inte som alla andra barn. De var modiga, och nyfikna på hemligheterna som kanske fanns där inne.

"Tror ni vi vågar gå dit?" frågade Felix med stora ögon.

"Vi måste! Tänk om det finns något fantastiskt där inne?" sa Maja, hennes ögon gnistrande av spänning.

Leo nickade och ledde vägen uppför den grusiga stigen som ledde till Spökslottet. De tre vännerna stod snart framför den massiva träporten. När Leo tryckte på den, gnisslade dörren sakta upp och avslöjade en mörk hall. Deras hjärtan bultade av förväntan och nervositet.

Inne i herrgården var det tyst och kusligt. Månen lyste genom de trasiga fönstren och kastade långa skuggor på väggarna. De gick försiktigt genom de dammiga rummen och letade efter tecken på något ovanligt. Plötsligt hörde de ett svagt, klagande ljud.

"Vad var det?" viskade Felix.

"Det kom från källaren," svarade Leo och pekade mot en gammal trappa som ledde neråt. De tre vännerna smög nerför trappan och fann sig snart i en stor, kall källare. Där, mitt i rummet, stod en gammal kista täckt av spindelväv.

"Tror ni vi ska öppna den?" frågade Maja, hennes röst skakig av spänning.

"Vi måste," sa Leo och lyfte försiktigt på locket. Inuti kistan låg en gammal bok och en glittrande nyckel.

Maja tog upp boken och började läsa högt. "Detta är dagboken tillhört Lord Grey, ägaren av Spökslottet. Han skrev om en förbannelse som drabbade hans familj och om ett mystiskt föremål som kan bryta den."

Nyckeln glittrade i Felix hand. "Vi måste hitta detta föremål!" sa han ivrigt.

Dagboken nämnde ett hemligt rum någonstans i herrgården, ett rum som endast kunde öppnas med nyckeln de hade funnit. De tre vännerna började genast leta. De sökte igenom varje vrå och varje gömställe de kunde tänka sig. Till slut, bakom en stor bokhylla i biblioteket, fann de en dold dörr. Leo satte in nyckeln och vridit om den. Dörren öppnades med ett knarrande ljud och avslöjade en liten kammare fylld med antika föremål och skatter.

Mitt i rummet stod en piedestal med en kristallkula på. Kulan skimrade och glödde svagt. Leo närmade sig försiktigt och sträckte ut handen för att röra vid den. I samma ögonblick fylldes rummet av ett starkt ljus, och en ande uppenbarade sig.

"Ni har hittat den förlorade kristallkulan," sa anden med en vänlig röst. "Med den kan ni bryta förbannelsen som har vilat över denna plats i generationer. Men ni måste vara försiktiga, för kristallkulan har stor makt och måste användas med vishet."

Maja, Leo och Felix lyssnade noga. "Hur bryter vi förbannelsen?" frågade Maja.

"Ni måste placera kristallkulan på altaret i den gamla kyrkan vid midnatt," svarade anden. "Där kommer dess magi att lösa upp förbannelsen och befria Spökslottet från mörkrets grepp."

Tiden var knapp, och de tre vännerna visste att de måste skynda sig. De lämnade Spökslottet och rusade mot den gamla kyrkan i utkanten av staden. Vägen var mörk och skrämmande, men deras beslutsamhet gav dem mod.

När de nådde kyrkan, hörde de klockorna börja slå midnatt. De sprang in och hittade altaret, ett gammalt stenbord täckt av mossa och vinrankor. Leo placerade kristallkulan på altaret, och ett starkt ljus fyllde rummet igen.

När ljuset försvann, kände de en varm känsla av frid sprida sig genom kyrkan. Förbannelsen var bruten. De tre vännerna såg på varandra med lättnad och glädje.

"Vi gjorde det!" sa Felix och kramade sina vänner.

När de lämnade kyrkan, såg de hur Spökslottet på kullen verkade lysa i månens sken. Det var som om det hade återfått sin gamla prakt. De visste att de hade gjort något stort denna Halloween-natt, något de skulle minnas för alltid.

Morgonen efter vaknade de till en nyhet som spred sig snabbt genom staden. Spökslottet, som hade stått tomt och förfallet i så många år, hade plötsligt renoverats och öppnats för allmänheten som ett museum. Folk från hela staden kom för att se det mirakulösa återuppståndna huset.

Leo, Maja och Felix blev stadens hjältar. De berättade stolt om sitt äventyr för alla som ville lyssna. Det blev en historia som berättades om och om igen, varje Halloween, som en påminnelse om mod, vänskap och mysteriernas magi.

Och så blev det, att varje år på Halloween, samlades barnen i Gråvik för att höra historien om de tre vännerna som bröt förbannelsen och avslöjade Spökslottets hemlighet. Det blev en tradition, en Halloween att minnas, för generationer att komma.

A Halloween to Remember

It was a cold and clear autumn evening in the small town of Greywick. The leaves on the trees had changed to brilliant shades of red, orange, and yellow. All the children in town had eagerly awaited this evening: Halloween! All day they had been preparing their costumes and decorating their houses with pumpkins, bats, and ghosts. But no one was more excited than friends Leo, Maja, and Felix.

Leo, a curious and adventurous boy with a contagious smile, was always ready for a new mystery. Maja, his best friend, was smart and brave, with a keen interest in all things supernatural. Felix, the smallest in the group, was known for his fantastic imagination and kind heart. The three friends had planned their Halloween night for weeks and were determined to collect as much candy as possible.

"Are you ready for the best Halloween adventure ever?" asked Leo, dressed as a pirate.

"Absolutely!" replied Maja, who was dressed as a vampire, and Felix, who had chosen a costume as a little werewolf.

They started their round in the neighborhood, visiting every house. "Trick or treat!" they shouted, receiving lots of chocolate, candies, and sweets. They laughed and joked, and it seemed the night couldn't get any better. But when they approached the old, abandoned mansion on the hill, everything changed.

The mansion, known as the Haunted Mansion, had stood empty for many years, covered in ivy and cobwebs. The windows were broken, and the door hung crookedly. No one dared to go there, especially not on Halloween. But Leo, Maja, and Felix were not like other children. They were brave and curious about the secrets that might be inside.

"Do you think we dare go there?" asked Felix with wide eyes.

"We have to! What if there's something amazing inside?" said Maja, her eyes sparkling with excitement.

Leo nodded and led the way up the gravel path to the Haunted Mansion. Soon, the three friends were standing in front of the massive wooden door. When Leo pushed it, the door slowly creaked open, revealing a dark hallway. Their hearts pounded with anticipation and nervousness.

Inside the mansion, it was silent and eerie. The moonlight shone through the broken windows, casting long shadows on the walls. They carefully walked through the dusty rooms, searching for signs of anything unusual. Suddenly, they heard a faint, moaning sound.

"What was that?" whispered Felix.

"It came from the basement," replied Leo, pointing to an old staircase leading downward. The three friends crept down the stairs and soon found themselves in a large, cold basement. There, in the middle of the room, stood an old chest covered in cobwebs.

"Do you think we should open it?" asked Maja, her voice shaky with excitement.

"We must," said Leo, and carefully lifted the lid. Inside the chest lay an old book and a glittering key.

Maja picked up the book and began reading aloud. "This is the diary of Lord Grey, the owner of the Haunted Mansion. He wrote about a curse that befell his family and a mysterious object that can break it."

The key sparkled in Felix's hand. "We have to find this object!" he said eagerly.

The diary mentioned a secret room somewhere in the mansion, a room that could only be opened with the key they had found. The three friends began searching immediately. They looked through every nook and cranny they could think of. Finally, behind a large bookcase in the library, they found a hidden door. Leo inserted the key and turned it. The door opened with a creaking sound, revealing a small chamber filled with antique items and treasures.

In the middle of the room stood a pedestal with a crystal ball on it. The ball shimmered and glowed faintly. Leo approached it carefully and reached out to touch it. At that moment, the room filled with a bright light, and a spirit appeared.

"You have found the lost crystal ball," said the spirit in a gentle voice. "With it, you can break the curse that has rested over this place for generations. But you must be careful, for the crystal ball holds great power and must be used wisely."

Maja, Leo, and Felix listened intently. "How do we break the curse?" asked Maja.

"You must place the crystal ball on the altar in the old church at midnight," the spirit replied. "There, its magic will dissolve the curse and free the Haunted Mansion from the grip of darkness."

Time was running out, and the three friends knew they had to hurry. They left the Haunted Mansion and rushed to the old church on the outskirts of town. The road was dark and scary, but their determination gave them courage.

When they reached the church, they heard the bells begin to toll midnight. They ran inside and found the altar, an old stone table covered in moss and vines. Leo placed the crystal ball on the altar, and a bright light filled the room again.

When the light faded, they felt a warm sense of peace spread through the church. The curse was broken. The three friends looked at each other with relief and joy.

"We did it!" said Felix, hugging his friends.

As they left the church, they saw how the Haunted Mansion on the hill seemed to glow in the moonlight. It was as if it had regained its old splendor. They knew they had done something great this Halloween night, something they would remember forever.

The next morning, they woke up to news that spread quickly through the town. The Haunted Mansion, which had stood empty and decaying for so many years, had suddenly been renovated and opened to the public as a museum. People from all over town came to see the miraculously restored house.

Leo, Maja, and Felix became the town's heroes. They proudly told their adventure to everyone who wanted to listen. It became a story told over and over again, every Halloween, as a reminder of courage, friendship, and the magic of mysteries.

And so it was that every year on Halloween, the children of Greywick gathered to hear the story of the three friends who broke the curse and revealed the secret of the Haunted Mansion. It became a tradition, a Halloween to remember, for generations to come.

De Magiska Halloween-Karamellerna

I den lilla staden Spookville, som låg inbäddad bland dimmiga kullar och gamla ekar, var Halloween den mest magiska tiden på året. Staden blev en plats fylld av mystiska ljus, skrämmande spöken och glittrande pumpor. Men det var inte bara för dekorationer och godis som barnen såg fram emot denna speciella kväll – det var också för det stora Halloween-tävlingen, där vinnaren fick den legendariska Grymt-Bästa-Karamellen.

Grymt-Bästa-Karamellen var ingen vanlig karamell. Den var gjord av en hemlig magisk ingrediens och var känd för att ge den som åt den, förmågan att utföra små mirakel. För många år sedan hade en gammal legende spridits om denna karamell och dess mäktiga krafter, och sedan dess hade barnen i Spookville tävlat om att hitta den.

Årets Halloween-kväll var särskilt speciell, för tre bästa vänner – Axel, Nora och Viktor – hade bestämt sig för att vinna tävlingen och få den eftertraktade karamellen. Axel var en förtrollande pojke med ett stort intresse för magi och mysterier. Nora, hans bästa vän, var smart och kreativ med en passion för att lösa problem. Viktor, den yngste av dem, var en fantasifull pojke som älskade att läsa böcker om äventyr och hemligheter.

De tre vännerna hade planerat i veckor för denna kväll. Deras dräkter var fantastiska; Axel var klädd som en magiker, Nora som en detektiv, och Viktor som en riddare. De hade även förberett en detaljerad karta över staden, med markerade platser där de trodde att den magiska karamellen skulle kunna finnas.

När mörkret föll och Halloween-kvällen började, samlades alla barn i Spookville vid torget för att delta i den stora Halloween-paraden. Det var ett hav av färgglada kostymer, och varje hus var utsmyckat med lysande pumpor och spöken. Axel, Nora och Viktor begav sig på sin jakt efter Grymt-Bästa-Karamellen, som skulle leda dem till en skattejakt runt hela staden.

"Vi måste börja vid det gamla teatern," sa Axel. "Det sägs att det finns en hemlig ledtråd där."

De tre vännerna började sin runda vid teatern, en gammal byggnad med stora, mäktiga kolumner och en nedsläckt skylt som en gång hade varit lysande. När de kom in i teatern, blev de omedelbart omgivna av dammiga, övergivna stolar och ett gammalt scen. Axel, Nora och Viktor började leta efter något som kunde ge dem en ledtråd.

Plötsligt hörde de ett mystiskt skratt ekande genom teatern. De vände sig om och såg en gammal kvinna i en märklig kostym stå vid scenen. Hennes ögon glittrade av en gnista av magi.

"Vem är du?" frågade Nora, medan Axel höll upp sin magiska stav i beredskap.

"Jag är Madame Liora," sa kvinnan med ett vänligt leende. "Jag är här för att hjälpa er på er väg, men ni måste först lösa ett pussel för att få nästa ledtråd."

Madame Liora gav dem ett gammalt papper med en karta över teatern och några kryptiska gåtor. Axel, Nora och Viktor satte sig ner och började lösa gåtorna. Efter en stund av intensivt tänkande, lyckades de lista ut svaren och hittade en hemlig lucka under scenen. Inuti luckan låg en gammal bok och ett brev.

Brevet var från en gammal skådespelare som hade gömt en ledtråd till Grymt-Bästa-Karamellen. Det talade om en gammal kyrka i utkanten av staden som en gång hade tillhört en mäktig magiker. Med nyfikenhet och förväntan begav de sig mot kyrkan.

Kyrkan var gammal och mystisk, med snirkliga mönster på väggarna och stora, färggranna glasfönster. Axel, Nora och Viktor gick in genom den stora dörren och blev mötta av en mäktig hall med höga valv. I mitten av rummet fanns ett stort altare med en gammal runsten.

De letade runt i kyrkan och letade efter några ledtrådar. Plötsligt hörde de ett ljud bakom ett av de färgade fönstren. När de försiktigt lyfte på det, hittade de en dold trappa som ledde ner till ett underjordiskt rum.

Nedanför trappan fann de en gammal krypta. Rummet var fyllt med gamla böcker, mystiska artefakter och en stor, gammal kista. Axel, Nora och Viktor öppnade kistan och fann en gammal pergamentrulle och en magisk amulett.

Pergamentrullen innehöll en berättelse om en stor förbannelse som hade lagts över staden för många år sedan av en avundsjuk magiker. För att bryta förbannelsen måste de återställa en gammal, magisk ritual vid den magiska stenen som fanns i stadens centrum.

Medan de läste, blev de medvetna om att tiden höll på att rinna ut. De måste utföra ritualen innan midnatt för att bryta förbannelsen och avslöja platsen för Grymt-Bästa-Karamellen. De skyndade sig tillbaka till stadens centrum, där den gamla magiska stenen stod.

Vid stenen, förberedde de sig för ritualen. Axel höll amuletten, Nora läste högt från pergamentrullen, och Viktor höll ett ljus som lyste upp det gamla rummet. De började recitera de gamla orden och genomförde varje steg av ritualen noggrant.

Plötsligt, när de avslutade ritualen, började den magiska stenen att lysa med ett starkt, blått ljus. En kall vind blåste genom staden, och de kände en förändring i luften. Förbannelsen var bruten, och staden kändes plötsligt lättare och mer levande.

I ljuset av den magiska stenen såg de en gammal, hemlig dörr öppnas i marken. De gick ner genom dörren och hamnade i ett rum som var fyllt med glitter och godis. I mitten av rummet stod en stor, glänsande skål med Grymt-Bästa-Karamellen.

"Vi gjorde det!" utbrast Nora och tog den glittrande karamellen.

När de lämnade rummet och återvände till ytan, kände de sig stolta och glada. Halloween-kvällen hade varit fylld med magi och äventyr, och de hade löst mysteriet med den magiska karamellen.

På vägen tillbaka till torget, såg de hur staden, nu befriad från förbannelsen, strålade av liv och glädje. De tre vännerna blev hyllade av alla barn och vuxna som hade följt deras äventyr. De hade inte bara vunnit tävlingen, utan också räddat sin stad från en gammal förbannelse.

Från och med den kvällen blev Grymt-Bästa-Karamellen inte bara en symbol för vinst, utan också för mod och vänskap. Och varje Halloween, när barnen i Spookville samlades för att fira, berättade de historierna om Axel, Nora och Viktor och deras magiska äventyr.

De tre vännerna fortsatte att leva sina liv fyllda med äventyr och mysterier, alltid redo för nästa stora utmaning. Halloween blev en tid för dem att återigen minnas det stora äventyret som hade förändrat deras liv och staden Spookville för alltid.

The Magic Halloween Candies

In the small town of Spookville, nestled among misty hills and ancient oaks, Halloween was the most magical time of the year. The town transformed into a place filled with mysterious lights, spooky ghosts, and glittering pumpkins. But it wasn't just the decorations and candy that the children looked forward to during this special night – it was also the grand Halloween contest, where the winner received the legendary Spooky-Best Candy.

The Spooky-Best Candy was no ordinary treat. It was made from a secret magical ingredient and was said to grant the eater the ability to perform small miracles. For many years, a tale had circulated about this candy and its powerful abilities, and since then, children in Spookville had competed to find it.

This Halloween night was particularly special because three best friends – Axel, Nora, and Viktor – had decided to win the contest and claim the coveted candy. Axel was a charming boy with a great interest in magic and mysteries. Nora, his best friend, was smart and creative, with a passion for solving problems. Viktor, the youngest of them, was an imaginative boy who loved to read adventure stories and uncover secrets.

The three friends had been planning for weeks for this night. Their costumes were fantastic: Axel was dressed as a magician, Nora as a detective, and Viktor as a knight. They had also prepared a detailed map of the town, marking places where they thought the magical candy might be hidden.

As darkness fell and Halloween night began, all the children in Spookville gathered at the town square for the grand Halloween parade. It was a sea of colorful costumes, and every house was adorned with glowing pumpkins and ghosts. Axel, Nora, and Viktor set out on their quest for the Spooky-Best Candy, which would lead them on a scavenger hunt around the town.

"We should start at the old theater," said Axel. "They say there's a secret clue there."

The three friends began their adventure at the theater, an old building with grand, imposing columns and a darkened sign that once glowed brightly. When they entered the theater, they were immediately surrounded by dusty, abandoned seats and a stage that had seen better days. Axel, Nora, and Viktor started searching for anything that could give them a clue.

Suddenly, they heard a mysterious laugh echoing through the theater. They turned around and saw an old woman in a peculiar costume standing on the stage. Her eyes sparkled with a glimmer of magic.

"Who are you?" asked Nora, while Axel held up his magical staff in readiness.

"I am Madame Liora," said the woman with a friendly smile. "I am here to help you on your way, but first you must solve a puzzle to get the next clue."

Madame Liora handed them an old piece of paper with a map of the theater and some cryptic riddles. Axel, Nora, and Viktor sat down and began working on the riddles. After a while of intense thinking, they managed to figure out the answers and found a secret hatch under the stage. Inside the hatch was an old book and a letter.

The letter was from an old actor who had hidden a clue to the Spooky-Best Candy. It spoke of an old church on the outskirts of town that once belonged to a powerful magician. With curiosity and anticipation, they set off towards the church.

The church was ancient and mysterious, with intricate patterns on the walls and large, colorful stained-glass windows. Axel, Nora, and Viktor entered through the grand door and were met by a majestic hall with high arches. In the center of the room stood a large altar with an old runestone.

They searched the church for clues. Suddenly, they heard a sound behind one of the stained-glass windows. When they carefully lifted it, they found a hidden staircase leading down to an underground room.

At the bottom of the stairs, they found an old crypt. The room was filled with ancient books, mysterious artifacts, and a large, old chest. Axel, Nora, and Viktor opened the chest and discovered an ancient scroll and a magical amulet.

The scroll contained a story about a great curse placed on the town many years ago by a jealous magician. To break the curse, they had to perform an old magical ritual at the magical stone in the center of town.

Realizing that time was running out, they knew they had to hurry. They rushed back to the town center, where the old magical stone stood.

At the stone, they prepared for the ritual. Axel held the amulet, Nora read aloud from the scroll, and Viktor held a candle that illuminated the old room. They began reciting the ancient words and carried out each step of the ritual carefully.

Suddenly, as they finished the ritual, the magical stone began to glow with a bright, blue light. A cold wind blew through the town, and they felt a change in the air. The curse was lifted, and the town suddenly felt lighter and more alive.

In the light of the magical stone, they saw an old, secret door open in the ground. They went down through the door and found a room filled with glitter and candy. In the center of the room stood a large, shimmering bowl with the Spooky-Best Candy.

"We did it!" exclaimed Nora, taking the sparkling candy.

As they left the room and returned to the surface, they felt proud and happy. The Halloween night had been filled with magic and adventure, and they had solved the mystery of the magical candy.

On their way back to the square, they saw how the town, now freed from the curse, sparkled with life and joy. The three friends were celebrated by all the children and adults who had followed their adventure. They had not only won the contest but had also saved their town from an old curse.

From that night on, the Spooky-Best Candy became not just a symbol of victory but also of courage and friendship. And every Halloween, as the children of Spookville gathered to celebrate, they told the story of Axel, Nora, and Viktor and their magical adventure.

The three friends continued to live their lives full of adventures and mysteries, always ready for the next great challenge. Halloween became a time for them to once again remember the grand adventure that had changed their lives and the town of Spookville forever.

Borgmästaren och Spökfesten

I den lilla staden Skräckskogen, som låg djupt inne i en mystisk skog, var Halloween den mest spännande och magiska tiden på året. Staden var känd för sina otroliga dekorationer och skrämmande spöken, men det fanns något speciellt med Halloween här – det var dagen för den årliga Spökfesten, en fest som borgmästaren själv organiserade.

Borgmästare Barbro var en märklig och färgstark person med en stor kärlek för Halloween. Hon bar alltid en kostym med stora, uppblåsbara fladdermöss och hade en förkärlek för att arrangera de mest spektakulära och oförglömliga festerna. I år hade Barbro lovat att göra festligheterna ännu mer fantastiska än vanligt.

Men den här Halloween-kvällen var speciell på ett annat sätt. För första gången på hundra år hade en gammal och mystisk bok hittats i stadens arkiv. Boken, som kallades "De Förlorade Spökenas Bok," påstods ha magiska krafter och vara en nyckel till en hemlighet som skulle förändra allt.

Tre bästa vänner – Lilly, Max och Sara – var de som hittade boken. Lilly var en orädd och nyfiken flicka med ett hjärta fullt av mod. Max var en uppfinningsrik pojke med en otrolig förmåga att lösa problem, medan Sara var en smart och omtänksam vän som alltid hade en lösning på alla problem. De tre hade bestämt sig för att lösa bokens mysterium och kanske, om de hade tur, få en extra bit av Halloween-kakan.

På kvällen före Halloween, samlades hela staden vid det stora torget för att förbereda för Spökfesten. Barbro var i full gång med att dekorera och förbereda mat, och det var ett virrvarr av pumpor, spöken och glittrande ljus. Lilly, Max och Sara kunde inte låta bli att bli uppspelta när de såg hur staden förvandlades till en magisk plats.

När de tre vännerna öppnade boken, började de läsa de gamla texterna som verkade vara skrivna på ett konstigt sätt. Texten var gammaldags och nästan osynlig, men de lyckades tyda några ord här och där. Det de förstod var att boken innehöll en karta som ledde till en hemlig plats där en magisk kraft var gömd.

"Vi måste följa kartan!" sa Lilly med förväntan i rösten. "Det kan vara något verkligen speciellt!"

Max och Sara nickade i samförstånd och de började följa kartans anvisningar. Den ledde dem genom stadens mörka gränder och gamla byggnader. Kartan visade att den magiska platsen skulle vara belägen vid en gammal, övergiven teater på utkanten av staden. När de kom dit, var teatern i ett förfallent tillstånd och såg ganska skrämmande ut med sina mörka fönster och bräckliga dörrar.

De öppnade försiktigt dörren och gick in. Teatern var fylld med gamla, dammiga stolar och en stor, mörk scen. De började leta efter något som kunde ge dem en ledtråd till den magiska kraften. Plötsligt hörde de ett ljud som fick dem att frysa – ett svagt, viskande skratt kom från balkongen ovanför.

"Vad var det där?" viskade Sara.

Max såg upp och såg en gammal, dammig gardin röra på sig. De besteg försiktigt trapporna till balkongen och upptäckte en gammal kista gömd bakom en stor samling av förrådsföremål. När de öppnade kistan, fann de en gammal skrivbordslampa som såg ut som den var från en annan tid.

Lilly knäppte på lampan och en mystisk ljusstråle fyllde rummet. Ett spöklikt, genomskinligt väsende steg fram från lampan. Det var en gammal spökprinsessa med lång, virvlande klänning och glimmande ögon.

"Vem är du?" frågade Lilly.

"Jag är Prinsessan Selina," svarade spöket med en mjuk, ekande röst. "Jag har varit fast i denna lampa i hundra år. Ni har nu befriat mig, och jag kan ge er en ledtråd till den magiska kraften."

Prinsessan Selina förklarade att för att hitta den magiska kraften måste de ta sig till en gammal kammare under teatern där en hemlig ritual skulle avslöja den. För att få tillgång till denna kammare, behövde de tre speciella nycklar som var gömda på olika platser i staden.

De tre vännerna satte igång med att leta efter de tre nycklarna. Den första nyckeln var gömd i det gamla biblioteket, där de fann den under en stor bok som handlade om stadens historia. Den andra nyckeln fanns i en gammal, övergiven klocktorn, gömd i klockan som fortfarande tickade sakta. Den tredje och sista nyckeln var gömd vid stadens mest kända brunn, dold i det glittrande vattnet.

Med alla tre nycklarna i handen återvände Lilly, Max och Sara till teatern. De använde nycklarna för att låsa upp den hemliga kammaren under scenen. När de steg in i rummet, såg de en gammal altare med mystiska symboler och en stor, gammal bok som var prydd med glittrande stenar.

De öppnade boken och började läsa de gamla texterna som talade om en ritual för att väcka den magiska kraften. De följde varje steg noggrant – de behövde ett speciellt ljus, en magisk dryck och en sång som skulle reciteras vid midnatt.

Som midnatt närmade sig, började de förbereda ritualen. Lilly tände ljusen, Max blandade den magiska drycken och Sara började sjunga den gamla sången. Rummet fylldes med ett mjukt, gyllene ljus, och en varm vind svepte genom teatern.

Plötsligt började teaterns gamla spöken att vakna till liv. De hade varit dolda under många år, men nu, med den magiska kraften återställd, kom de fram för att fira. Spökena dansade och skrattade, och en stor, fantastisk Halloween-fest började.

Borgmästare Barbro, som hade organiserat hela Spökfesten, kom ner till teatern när hon hörde den festliga musiken. Hon blev förvånad över att se alla spöken och den magiska stämningen.

"Vad har hänt här?" utbrast Barbro när hon såg de tre vännerna.

Lilly, Max och Sara förklarade vad som hade hänt och hur de hade brutit förbannelsen. Barbro blev mycket imponerad och tackade dem för att ha räddat Halloween-festen och för att ha återställt magin i staden.

Spökena, som nu var glada och fria, blev en del av festen. De delade sina historier och visade sina fantastiska danssteg. Barnen och vuxna i staden deltog i festen och hade den mest magiska Halloween-kvällen någonsin.

När natten gick mot sitt slut, och festen var över, tackade prinsessan Selina de tre vännerna en sista gång. "Ni har gjort en stor sak för staden och för alla oss spöken. Nu kan vi äntligen vila i fred."

Med det försvann prinsessan Selina tillbaka till sin lampa, som nu var fylld med glittrande stjärnor och magiskt ljus. Lilly, Max och Sara lämnade teatern med glädje i sina hjärtan och en känsla av att ha gjort något alldeles speciellt.

Från den kvällen framåt blev Halloween i Skräckskogen ännu mer magisk. Varje år, när barnen och vuxna samlades för Spökfesten, berättade de om de tre vännerna som hade räddat Halloween och skapat en fest som skulle bli ihågkommen i generationer framöver.

Borgmästare Barbro fortsatte att organisera de mest fantastiska Halloween-festerna, och varje år såg alla fram emot den stora festen. Lilly, Max och Sara blev stans hjältar, kända för sina modiga äventyr och deras förmåga att lösa mysterier.

Och så, varje Halloween, när mörkret föll över Skräckskogen och spökena började dansa, visste alla att magin fortfarande levde i deras små, underbara stad.

The Mayor and the Ghost Party

In the small town of Fright Forest, nestled deep within a mysterious forest, Halloween was the most exciting and magical time of the year. The town was known for its incredible decorations and frightening ghosts, but there was something especially significant about Halloween here – it was the day of the annual Ghost Party, an event organized by the mayor herself.

Mayor Barbro was a peculiar and colorful character with a great love for Halloween. She always wore a costume with oversized inflatable bats and had a penchant for arranging the most spectacular and unforgettable parties. This year, Barbro had promised to make the festivities even more fantastic than usual.

But this Halloween night was special in another way. For the first time in a hundred years, an old and mysterious book had been found in the town's archives. The book, called "The Book of the Lost Ghosts," was said to hold magical powers and be the key to a secret that could change everything.

Three best friends – Lilly, Max, and Sara – were the ones who discovered the book. Lilly was a fearless and curious girl with a heart full of bravery. Max was an inventive boy with an incredible knack for solving problems, while Sara was a smart and caring friend who always had a solution for every issue. The three had decided to solve the book's mystery and, if they were lucky, perhaps snag an extra piece of Halloween candy.

On the night before Halloween, the entire town gathered at the big square to prepare for the Ghost Party. Barbro was busy decorating and preparing food, creating a whirlwind of pumpkins, ghosts, and twinkling lights. Lilly, Max, and Sara couldn't help but be excited as they watched the town transform into a magical place.

As the three friends opened the book, they began to read the ancient texts, which seemed to be written in a strange manner. The text was old-fashioned and almost invisible, but they managed to decipher a few words here and there. What they understood was that the book contained a map leading to a secret place where a magical power was hidden.

"We must follow the map!" Lilly said with excitement. "This could be something really special!"

Max and Sara nodded in agreement, and they set off to follow the map's instructions. It led them through the town's dark alleys and old buildings. The map indicated that the magical place would be located at an old, abandoned theater on the outskirts of town. When they arrived, the theater was in a dilapidated state and looked quite spooky with its dark windows and crumbling doors.

They carefully opened the door and went inside. The theater was filled with old, dusty seats and a large, dark stage. They began searching for anything that might give them a clue about the magical power. Suddenly, they heard a noise that made them freeze – a faint, whispering laugh came from the balcony above.

"What was that?" Sara whispered.

Max looked up and saw an old, dusty curtain moving. They cautiously climbed the stairs to the balcony and discovered an old chest hidden behind a large collection of discarded items. When they opened the chest, they found an old desk lamp that looked like it was from another era.

Lilly turned on the lamp, and a mysterious beam of light filled the room. A ghostly, translucent figure emerged from the lamp. It was an old ghost princess with a flowing gown and shimmering eyes.

"Who are you?" Lilly asked.

"I am Princess Selina," the ghost replied with a soft, echoing voice. "I have been trapped in this lamp for a hundred years. You have now freed me, and I can give you a clue to the magical power."

Princess Selina explained that in order to find the magical power, they had to go to an old chamber beneath the theater where a secret ritual would reveal it. To gain access to this chamber, they needed three special keys hidden in different places around town.

The three friends set off to find the three keys. The first key was hidden in the old library, where they found it under a large book about the town's history. The second key was located in an old, abandoned clock tower, hidden inside the clock that still ticked slowly. The third and final key was hidden at the town's most famous well, concealed in the sparkling water.

With all three keys in hand, Lilly, Max, and Sara returned to the theater. They used the keys to unlock the secret chamber beneath the stage. When they entered the room, they saw an ancient altar with mysterious symbols and a large, old book adorned with sparkling gems.

They opened the book and began to read the old texts, which described a ritual to awaken the magical power. They followed each step carefully – they needed a special light, a magical potion, and a song to be recited at midnight.

As midnight approached, they prepared for the ritual. Lilly lit the candles, Max mixed the magical potion, and Sara began singing the old song. The room was filled with a soft, golden light, and a warm breeze swept through the theater.

Suddenly, the theater's old ghosts began to come to life. They had been hidden for many years, but now, with the magical power restored, they emerged to celebrate. The ghosts danced and laughed, and a grand, fantastic Halloween party began.

Mayor Barbro, who had organized the entire Ghost Party, came down to the theater when she heard the festive music. She was astonished to see all the ghosts and the magical atmosphere.

"What has happened here?" exclaimed Barbro when she saw the three friends.

Lilly, Max, and Sara explained what had happened and how they had broken the curse. Barbro was very impressed and thanked them for saving Halloween and restoring the magic to the town.

The ghosts, now happy and free, became part of the party. They shared their stories and showed off their fantastic dance moves. The children and adults in town joined in the celebration and had the most magical Halloween night ever.

As the night drew to a close and the party ended, Princess Selina thanked the three friends one last time. "You have done a great thing for the town and for all of us ghosts. Now we can finally rest in peace."

With that, Princess Selina vanished back into her lamp, which was now filled with glittering stars and magical light. Lilly, Max, and Sara left the theater with joy in their hearts and a sense of having accomplished something truly special.

From that night on, Halloween in Fright Forest became even more magical. Every year, when the children and adults gathered for the Ghost Party, they told the story of the three friends who had saved Halloween and created a celebration that would be remembered for generations.

Mayor Barbro continued to organize the most fantastic Halloween parties, and each year everyone looked forward to the grand event. Lilly, Max, and Sara became the town's heroes, known for their brave adventures and their knack for solving mysteries.

And so, every Halloween, as darkness fell over Fright Forest and the ghosts began to dance, everyone knew that the magic still lived in their small, wonderful town.

Luna och De Magiska Pumporna

I den lilla staden Månskog, som var omgiven av mörka, mystiska skogar, var Halloween den mest efterlängtade tiden på året. Staden var känd för sina vackra dekorationer och sina lysande pumpor, men i år skulle Halloween bli speciell på ett sätt ingen tidigare hade sett.

Luna var en tioårig flicka med stort hjärta och en orädd själ. Hon älskade äventyr och hade alltid en nyfiken blick i sina stora, bruna ögon. Hennes bästa vän, Max, var en pojke med en livlig fantasi och ett skarpt sinne för detaljer. Tillsammans med Luna utforskade han alltid staden och dess mysterier. Deras tredje vän, Bella, var en sjuårig flicka som var full av glädje och skratt, och hon hade en förmåga att få alla runt omkring sig att le.

Det var några veckor före Halloween, och hela Månskog var i full gång med att förbereda festligheterna. Människor hängde upp ljusslingor, dekorerade sina hus med spöken och fladdermöss, och planerade den årliga Halloween-paraden. Luna och hennes vänner var särskilt exalterade eftersom de hade hört rykten om något magiskt som skulle hända i år.

En eftermiddag, medan Luna, Max och Bella lekte vid stadens stora torg, hörde de en gammal kvinna i en sliten, fladdrande mantel prata om en mystisk bok. Kvinnan, som gick under namnet Hilda, berättade för dem om en gammal legend om de Magiska Pumporna.

"Det är sagt," sade Hilda med en rysande röst, "att de Magiska Pumporna har kraften att uppfylla en önskan varje Halloween. Men för att hitta dem, måste man lösa tre utmaningar och vara modig nog att konfrontera sina största rädslor."

Luna och hennes vänner blev genast fascinerade. Tänk om de kunde hitta de Magiska Pumporna och göra en önskan som kunde förändra deras liv för alltid? De bestämde sig för att ta sig an utmaningarna och började förbereda sig för det mest magiska Halloween-äventyret någonsin.

Den första utmaningen var att hitta en gammal, glittrande nyckel som var gömd någonstans i stadens labyrintiska källare. Luna, Max och Bella klättrade ner i källarens mörka gångar, med endast ett svagt ljus från en ficklampa som vägledde dem. De stötte på en rad pussel och gåtor, inklusive en som handlade om att lösa en gammal matematikgåta som var skriven på en av väggarna.

Max, som hade en fantastisk förmåga att lösa problem, ledde gruppen genom de komplicerade pusslen. Efter att ha arbetat tillsammans och kämpat mot sin rädsla för mörkret, hittade de tillslut den glittrande nyckeln gömd i ett litet rum fyllt med gamla, rostiga föremål.

"En nyckel!" utbrast Luna. "Nu är vi ett steg närmare att hitta de Magiska Pumporna!"

Nästa steg på deras äventyr var att ta sig till en gammal kvarn på stadens utkant. Kvarnen var känd för sina mystiska ljud och historier om spöken. De hade hört att en av de Magiska

Pumporna skulle vara gömd där, men de skulle behöva lösa en gåta för att få tag på den.

När de kom till kvarnen, började de genast söka överallt. Det var ett spännande ställe fyllt med knarrande trä, gammal mjöl och spöklika ekon. De följde ledtrådar som de hade fått från Hilda, och snart kom de till en stor, gammal kvarnsten. På kvarnstenen fanns en inskription med en gåta som de måste lösa för att få tillgång till den gömda pumpan.

Gåtan var:

"Jag är något som både rör sig och stannar, men som aldrig går iväg. Vad är jag?"

De tre vännerna tänkte hårt. Bella, som var särskilt bra på att observera detaljer, lade märke till en gammal, uråldrig klocka som stod i ett hörn av rummet.

"Det måste vara en klocka!" sa Bella.

Med den rätta svaret, öppnades en hemlig dörr i kvarnen, och där, gömd under en hög av gammalt mjöl, fann de en fantastisk, lysande pumpa. Den glödde i alla regnbågens färger och verkade nästan levande. De tog försiktigt upp pumpan och lade den i sin samling.

"Vi har fått vår andra pumpa!" sade Max. "Nu är det bara en utmaning kvar."

Den sista utmaningen var att besöka en gammal, övergiven skola som låg på en kulle utanför staden. Skolan hade stått tom i många år och var känd för att vara särskilt kuslig på natten. Där, enligt legenden, skulle den sista av de Magiska Pumporna vara gömd.

De tre vännerna klättrade upp för kullen och gick genom skolans stora, tysta hallar. Mörkret och den kusliga tystnaden gjorde dem nervösa, men de höll fast vid varandras händer och fortsatte att utforska. De hittade gamla, dammiga klassrum och en gammal rektorskontor där väggarna var täckta med skolprylar från en annan tid.

I rektorskontoret, bakom ett gammalt skrivbord, hittade de en mystisk, gammal låda. När de öppnade den, fann de en tredje Magisk Pumpa som hade ett vackert mönster som glittrade som stjärnorna.

"Vi har hittat alla tre Magiska Pumporna!" ropade Luna, fylld av glädje. "Nu är det dags att göra vår önskan."

De tre vännerna tog alla tre pumporna tillbaka till torgplatsen där Halloween-festen just hade börjat. Staden var fylld med glädje och skratt, och alla var klädda i sina mest fantastiska kostymer. Luna, Max och Bella ställde upp pumporna på ett bord mitt på torget.

Boel, borgmästaren, kom fram för att beundra de lysande pumporna. Hon hade också hört rykten om deras magiska kraft. De tre vännerna samlade alla barn och vuxna runt sig och förklarade deras äventyr och de tre utmaningarna de hade genomgått.

När alla var samlade, började de tre vännerna att göra sin önskan. De höll varandras händer och sa:

"Vi önskar att Månskog alltid ska vara en plats fylld med glädje, vänskap och magi."

Det som följde var något magiskt. Pumporna började lysa starkare och ett mjukt, gyllene ljus spred sig över hela staden. Alla kände en varm och vänlig energi som fyllde luften. De gamla, förtrollade pumporna gjorde att festligheterna blev ännu mer underbara, och staden blev ännu mer magisk än någonsin.

Från den kvällen blev Halloween i Månskog en tid för att fira vänskap, mod och magi. Varje år när Halloween kom, berättade barnen om Luna, Max och Bella, och deras stora äventyr med de Magiska Pumporna. Festen blev en tradition där hela staden samlades för att dela skratt, glädje och magi.

Och så, varje år på Halloween, när staden var fylld med färgglada ljus och skrattande barn, visste alla att magin fortfarande levde i deras lilla, underbara stad. Luna, Max och Bella blev kända för sina fantastiska äventyr och deras förmåga att göra varje Halloween till något magiskt.

Och det var så, i Månskog, där Halloween var mer än bara en fest, utan en tid att fira det allra bästa i livet – vänskap, mod och den magi som finns i varje hjärta.

Luna and the Magical Pumpkins

In the small town of Moonwood, surrounded by dark and mysterious forests, Halloween was the most eagerly awaited time of the year. The town was famous for its beautiful decorations and glowing pumpkins, but this year, Halloween would be special in a way no one had ever seen before.

Luna was a ten-year-old girl with a big heart and a fearless soul. She loved adventures and always had a curious gleam in her big brown eyes. Her best friend, Max, was a boy with a vivid imagination and a keen eye for details. Along with Luna, he always explored the town and its mysteries. Their third friend, Bella, was a seven-year-old girl full of joy and laughter, with a unique talent for making everyone around her smile.

It was a few weeks before Halloween, and the entire Moonwood was bustling with preparations for the festivities. People hung up string lights, decorated their houses with ghosts and bats, and planned the annual Halloween parade. Luna and her friends were particularly excited because they had heard rumors about something magical happening this year.

One afternoon, while Luna, Max, and Bella were playing in the town square, they overheard an old woman in a tattered, fluttering cloak talking about a mysterious book. The woman, known as Hilda, spoke of an ancient legend about the Magical Pumpkins.

"It is said," Hilda said with a shivery voice, "that the Magical Pumpkins have the power to grant one wish every Halloween. But to find them, one must solve three challenges and be brave enough to face their greatest fears."

Luna and her friends were immediately intrigued. What if they could find the Magical Pumpkins and make a wish that could change their lives forever? They decided to take on the challenges and prepare for the most magical Halloween adventure ever.

The first challenge was to find an old, glittering key hidden somewhere in the town's labyrinthine cellars. Luna, Max, and Bella climbed down into the dark corridors of the cellar, guided only by a faint light from a flashlight. They encountered a series of puzzles and riddles, including one that involved solving an old math problem written on one of the walls.

Max, who had a remarkable talent for solving problems, led the group through the complicated puzzles. After working together and overcoming their fear of the dark, they finally found the glittering key hidden in a small room filled with old, rusty items.

"A key!" exclaimed Luna. "We're one step closer to finding the Magical Pumpkins!"

The next step on their adventure was to visit an old mill on the edge of town. The mill was known for its mysterious sounds and ghost stories. They had heard that one of the Magical Pumpkins was hidden there, but they would need to solve a riddle to obtain it.

When they arrived at the mill, they immediately began searching everywhere. It was an exciting place filled with creaky wood, old flour, and eerie echoes. They followed clues given by Hilda and soon arrived at a large, ancient millstone. On the millstone was an inscription with a riddle they had to solve to gain access to the hidden pumpkin.

The riddle was:

"I am something that both moves and stays still, but never goes away. What am I?"

The three friends thought hard. Bella, who was particularly good at observing details, noticed an old, ancient clock standing in a corner of the room.

"It must be a clock!" said Bella.

With the correct answer, a secret door in the mill opened, revealing a hidden compartment under a heap of old flour. There, they found a magnificent, glowing pumpkin that shone in all the colors of the rainbow and seemed almost alive. They carefully took the pumpkin and added it to their collection.

"We have our second pumpkin!" said Max. "Now there's just one challenge left."

The final challenge was to visit an old, abandoned school located on a hill outside the town. The school had been empty for many years and was known to be especially eerie at night. There, according to the legend, the last of the Magical Pumpkins was hidden.

The three friends climbed the hill and walked through the school's large, silent halls. The darkness and eerie silence made them nervous, but they held each other's hands and continued exploring. They found old, dusty classrooms and an ancient principal's office with walls covered in school relics from another time.

In the principal's office, behind an old desk, they discovered a mysterious old box. When they opened it, they found the third Magical Pumpkin with a beautiful pattern that sparkled like the stars.

"We've found all three Magical Pumpkins!" Luna cried out with joy. "Now it's time to make our wish."

They took all three pumpkins back to the town square where the Halloween party was just beginning. The town was filled with joy and laughter, and everyone was dressed in their most fantastic costumes. Luna, Max, and Bella set the pumpkins on a table in the middle of the square.

Mayor Boel approached to admire the glowing pumpkins. She had also heard rumors of their magical power. The three friends gathered all the children and adults around them and explained their adventure and the three challenges they had overcome.

As everyone gathered around, the three friends made their wish. They held each other's hands and said:

"We wish for Moonwood to always be a place filled with joy, friendship, and magic."

What followed was something truly magical. The pumpkins began to glow brighter, and a soft, golden light spread across the entire town. Everyone felt a warm and friendly energy filling the air. The enchanted pumpkins made the festivities even more wonderful, and the town became more magical than ever before.

From that night on, Halloween in Moonwood became a time to celebrate friendship, bravery, and magic. Each year when Halloween arrived, children told the story of Luna, Max, and Bella, and their great adventure with the Magical Pumpkins. The party became a tradition where the whole town gathered to share laughter, joy, and magic.

And so, every year at Halloween, when the town was filled with colorful lights and laughing children, everyone knew that magic still lived in their little, wonderful town. Luna, Max, and Bella became known for their fantastic adventures and their ability to make every Halloween truly magical.

And that's how, in Moonwood, where Halloween was more than just a party, it was a time to celebrate the very best in life—friendship, bravery, and the magic that lives in every heart.